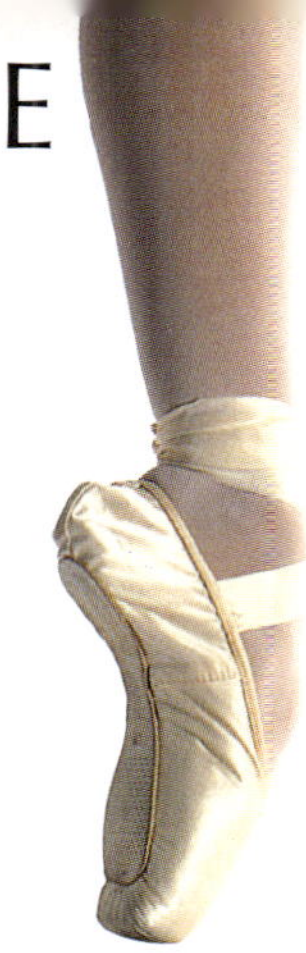

LA DANSE

Conception
Émilie BEAUMONT

Textes
Agnès VANDEWIELE

Dessins
Yves BEAUJARD
Daniel BOUDINEAU

FLEURUS

GROUPE FLEURUS, 15-27, rue Moussorgski, 75018 PARIS
www.editionsfleurus.com

LES PREMIÈRES DANSES

Depuis les temps préhistoriques, l'homme a éprouvé le désir de danser pour célébrer les dieux ou s'adresser aux forces de la nature. Chez de nombreux peuples, la danse a sans doute une origine sacrée ou magique. Au fil du temps, elle prend de nouvelles formes : on la pratique pour manifester ses émotions ou pour se divertir, la danse devient aussi un spectacle distrayant. Ainsi, au cours de l'Histoire et aux quatre coins du monde, pour des occasions diverses, les hommes inventent les danses les plus variées.

Les danseurs de la préhistoire

La découverte de danseurs peints sur les parois de grottes préhistoriques montre que nos plus lointains ancêtres dansaient déjà. Dans une grotte de Dordogne, en France, on a découvert l'image d'un danseur tournoyant sur lui-même qui date de 14 000 ans av. J.-C. ! Plus tard, vers 8 000 ans av. J.-C., apparaissent des scènes de groupe où plusieurs danseurs forment une ronde. Les spécialistes pensent que, à l'époque, il s'agissait de danses sacrées, peut-être pour communiquer avec les forces surnaturelles... Sur les parois d'abris rocheux situés dans le désert du Sahara, en Afrique, des scènes du néolithique montrent des personnages bondissant, tournoyant, le corps cambré et les bras tendus, dans des danses en armes ou des danses de couples.

Ce groupe de danseurs du néolithique, retrouvé peint à l'intérieur de grottes rocheuses dans le désert saharien, semble déjà exécuter des mouvements gracieux.

Sur l'île de Bali, en Indonésie, de magnifiques ballets sont donnés. Une foule de personnages sont mis en scène dans des costumes richement décorés.

Louis XIV fut un danseur remarquable qui prit sa première leçon de danse à 7 ans et dansa dans le *Ballet de la nuit* à l'âge de 14 ans. Passionné, il fonda l'Académie royale de danse en 1661.

Pendant l'Antiquité, la danse tient une place importante dans de nombreuses civilisations et accompagne fêtes, cérémonies familiales et célébrations religieuses.

Fred Astaire est l'une des grandes figures des comédies musicales où les comédiens dansent et chantent. Ses numéros de claquettes avec Ginger Rogers le rendirent célèbre dans le monde entier.

Au début du 20e siècle, aux États-Unis, naît la danse moderne. À la différence de la danse classique, il n'y a pas de technique aux règles fixes. Danseurs et chorégraphes élaborent leurs propres techniques.

Dans les années 70 se développe aux États-Unis une danse de rue imaginée par les jeunes Noirs et Portoricains sur de la musique rap : le hip-hop.

Le flamenco est né du folklore andalou (sud de l'Espagne) et de la culture gitane au 18e siècle. Le rythme de cette danse est donné par la guitare mais aussi par le claquement des mains et des talons des danseurs et danseuses.

Pendant l'Antiquité

Les civilisations de l'Antiquité accordent une large place à la danse, qui rythme les grands événements de la vie (mariage, naissance, funérailles). En Égypte, en Grèce ou dans l'Empire romain, on danse à de multiples occasions, que ce soit pour des réjouissances privées ou des fêtes sacrées. De nombreux mythes racontent d'ailleurs que la danse fut envoyée par les dieux aux mortels afin qu'ils les honorent.

Ce vase antique de la fin du 4e siècle av. J.-C. montre une danseuse et un musicien étrusques (peuple installé en Italie). De nombreux objets de cette époque témoignent de l'importance de la danse et de la musique.

Dans les châteaux, les banquets sont ponctués de spectacles mimés, dansés et chantés. Les ménestrels jouent de la flûte et de la trompette et les danses sont entrecoupées de petits jeux.

Au Moyen Âge

Chaque fête est à cette époque une occasion de se lancer dans la danse. Nobles, bourgeois ou paysans s'y adonnent. Les uns célèbrent un retour de bataille ou une chasse fructueuse, tandis que les autres fêtent le printemps ou la fin des récoltes. Dans les campagnes, les fêtes populaires sont une occasion de danser. On danse à la fin des vendanges, pour célébrer des noces. Après la messe du dimanche et les jours chômés, il arrive que l'on danse sur le parvis de l'église ou la place du village.

LA NAISSANCE DE LA DANSE CLASSIQUE

L'Italie de la Renaissance (à partir du 15e siècle) est le berceau de la danse classique. Danses savantes et harmonieuses accompagnent de somptueuses fêtes. Les maîtres à danser italiens ébauchent les bases techniques de danses qu'ils partent enseigner dans les cours d'Europe. En France, sous le règne de Louis XIV, grand amateur de ballets, les règles de la danse classique sont fixées et les premières troupes de danseurs professionnels sont formées.

Les maîtres à danser italiens, comme Caroso et Negri, publient les premières règles de danse. Elles sont à l'origine des pas de danse classique qui ont subsisté jusqu'à nos jours.

Les premiers traités de danse

C'est en Italie que sont publiés, au 16e siècle, les premiers traités de danse. Les maîtres à danser y décrivent, par le texte et des gravures, les danses qu'ils enseignent, montrant comment exécuter pas, tours et sauts. L'Italien Caroso, qui apprend la danse aux familles romaines, évoque dans *Il Ballerino*, en 1581, les 54 règles techniques à l'origine des pas de danse classique. Des termes comme « jeté »,« pirouette » ou « entrechat » sont encore employés aujourd'hui.

Louis XIV dans le Ballet de la nuit.

Louis XIV, le roi danseur

Sous le règne de Louis XIV, qui fut souverain mais aussi un danseur remarquable, la danse va s'imposer dans les spectacles de Versailles. Louis XIV prend sa première leçon de danse à 7 ans. Dès cet âge, chaque matin, son maître à danser, lui donne un cours. En 1653, alors âgé de 14 ans, il joue le Roi Soleil dans le *Ballet de la nuit*. Ce titre lui restera désormais. Il exécute si bien l'entrechat, qu'on le nomme « l'entrechat royal ». En 1661, Louis XIV fonde l'Académie royale de danse. Puis il crée en 1669 l'Académie d'opéra, qui portera à la scène les ballets de cour. L'école de danse de l'Opéra, ouverte en 1713, forme alors des danseurs professionnels. Près de trois siècles plus tard, elle est encore aujourd'hui la célèbre école de l'Opéra de Paris qui continue à enseigner la danse classique.

Position des bras

Première : *les bras sont repliés, arrondis et relevés au-dessus de la taille.*

Seconde : *les bras sont étendus, un peu abaissés, les paumes tournées vers l'avant.*

Troisième : *un bras étendu comme en seconde, l'autre replié comme en première.*

Quatrième : *un bras étendu comme en seconde, l'autre élevé en arrondi.*

Cinquième : *les deux bras arrondis et élevés au-dessus de la tête, doigts séparés.*

Les cinq positions

Au 17e siècle, Pierre Beauchamp, maître à danser de Louis XIV et compositeur de ballets, fixe les règles des pas de danse en cherchant à leur donner grâce et beauté. Il distingue cinq positions de base des pieds auxquelles vont correspondre cinq positions des bras au 19e siècle. Presque tous les pas en danse classique commencent et finissent par l'une de ces positions.

L'évolution des costumes

Au 18e siècle, deux danseuses exceptionnelles font sensation et allègent les encombrantes tenues de cour. Marie Sallé abandonne perruque et robe à panier.
La Camargo, quant à elle, raccourcit sa jupe et invente l'ancêtre du collant. Ainsi, elle est à l'aise pour exécuter des sauts plus compliqués.
Au 19e siècle, Marie Taglioni, ci-contre, est une des premières ballerines à danser sur des pointes. Elles accroissent l'impression de légèreté. Le tutu en tulle blanc devient moins long au fil du temps. Le tutu et les pointes sont désormais les symboles de la danse classique.

La danseuse Marie Taglioni était très célèbre au 19e siècle.

Position des pieds

Première : *les pieds sont tournés en dehors et les talons joints.*

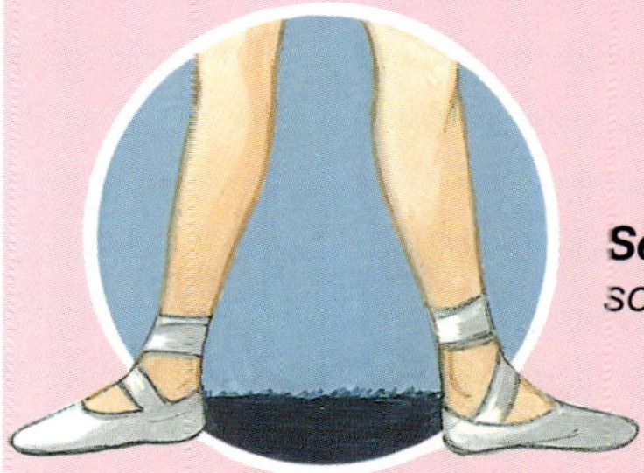

Seconde : *les talons sont écartés et séparés par une fois et demie la distance du pied.*

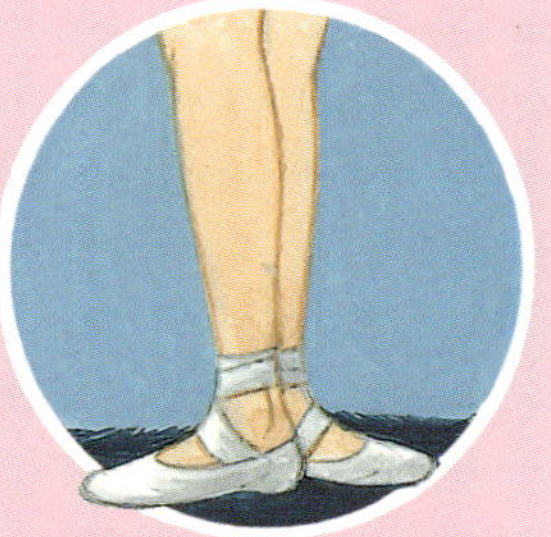

Troisième : *le talon d'un des pieds est placé contre le milieu de l'autre.*

Quatrième : *les pieds sont en position inverse à distance l'un de l'autre, les deux pointes vers l'extérieur.*

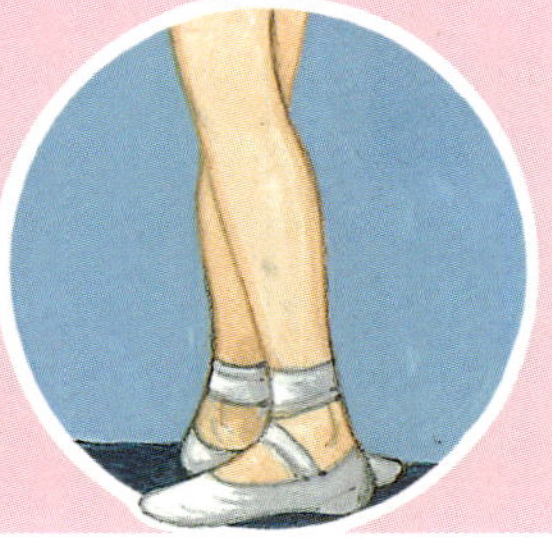

Cinquième : *les pieds se croisent, le talon du pied de devant contre le gros orteil du pied de derrière.*

LES BALLETS

Un ballet est un spectacle musical et dansé. Le chorégraphe imagine les pas et mouvements des danseurs sur la musique. Sur ses indications, les danseurs cherchent à exprimer l'action du spectacle à l'aide de leur corps. Ils se servent des expressions du visage, de gestes mimés, de mouvements naturels, de figures diverses... La musique, les costumes, le décor, les éclairages viennent compléter ces indications et aident le spectateur à suivre le récit. La plupart des ballets anciens sont en plusieurs parties (actes). Les ballets modernes ne relatent pas forcément une histoire et se déroulent souvent en un seul acte.

Les ballets de cour

Le spectacle qui associe poésie, musique, danse et peinture est né en Italie et dans les cours de France aux 15e et 16e siècles. Ces ballets auxquels participent les rois et leurs courtisans y connaissent un grand succès. Les danseurs sont vêtus d'habits de cour, peuvent être masqués et les rôles féminins sont souvent tenus par des hommes. Ces divertissements ont aussi un rôle politique : ils renforcent la renommée et l'autorité du souverain, ils triomphent sous Louis XIV.

Certains ballets romantiques connaissent un grand succès, tels que la Sylphide *et* Giselle. *Ces ballets font aussi le triomphe de grandes danseuses. Les ballerines, reines de la scène, éclipsent les danseurs masculins qui passent au second plan.*

Les ballets romantiques

Au début du 19e siècle naît le ballet romantique. On y met en scène la force des sentiments et les amours impossibles. Pour la première fois, les danseuses portent des tutus et exécutent des pointes. Elles multiplient de larges arabesques et de grands jetés (voir p.16) pour simuler l'envol. Gracieuses et aériennes, vêtues de mousseline blanche, les danseuses se déplacent dans des décors irréels et leur univers est peuplé de fantômes et d'êtres sortis de contes et de légendes.

Les ballets classiques ▶

À la fin du 19e siècle, en Russie, le chorégraphe Marius Petipa monte de grands ballets en plusieurs actes. Les prouesses techniques des danseurs (pirouettes, sauts fouettés...) y sont mises en valeur. Au cours de la représentation alternent des solos, des pas de deux, des passages avec le corps de ballet et des danses folkloriques. Les rôles masculins et féminins sont équilibrés. De célèbres ballets forment le répertoire classique : *Le Lac des cygnes* (ci-contre), *La Belle au bois dormant*, *Casse-Noisette*... qui sont encore très représentés aujourd'hui.

La Belle au bois dormant, ci-contre, fait partie des grands ballets classiques du répertoire créé à la fin du 19e siècle. Ce ballet est tiré du fameux conte de Perrault et fut mis en musique par Tchaïkovski.

Petrouchka (ci-dessous), est l'un des chefs-d'œuvre des Ballets russes. Il conte le désespoir d'une marionnette ureuse qui souffre de n'être qu'une poupée chiffon. La musique est signée du célèbre compositeur Stravinsky.

Les Ballets russes

Au début du 19e siècle, Serge Diaghilev crée la compagnie des Ballets russes et invente un nouveau style en donnant autant d'importance à la danse, à la musique et à la peinture. Ces ballets émerveillent le public par leurs décors et leurs costumes éblouissants, l'explosion des couleurs s'unissant au rythme de la musique. Diaghilev s'entoure d'artistes de talent : des peintres (Picasso, Matisse, Derain...) et des musiciens (Stravinsky, Debussy, Ravel...). Il redonne de l'importance aux danseurs masculins et crée de nouveaux mouvements.

Les ballets contemporains

Nés au 20e siècle, les ballets classiques contemporains ne racontent pas toujours une histoire. Certains se déroulent sur un thème, d'autres ne sont qu'une suite de mouvements où s'épanouit l'adresse des danseurs. On peut y trouver plusieurs types de danses : claquettes, folklore, danse moderne... On ne danse pas toujours sur des pointes mais aussi sur des demi-pointes ou encore pieds nus. Dans la chorégraphie, les danseurs peuvent s'asseoir ou même se coucher. Le décor est souvent très simple et dépouillé.

CRÉER UN BALLET

Comme un ballet associe danse, musique, mise en scène et décor, la création d'un ballet nécessite la participation de plusieurs métiers : le chorégraphe, le compositeur de musique, le décorateur, le créateur de costumes, les danseurs, les musiciens, les techniciens et les artisans. Quand il s'agit d'un ballet ancien, le chorégraphe conserve le livret (l'histoire) et la musique, mais il peut imaginer de nouveaux pas pour les danseurs. Ainsi, chaque nouvelle chorégraphie est un spectacle inédit. Sa mise au point est une longue entreprise qui dure plusieurs mois.

Le travail du chorégraphe

Le chorégraphe choisit le thème du ballet. Il peut s'inspirer d'un roman, d'un conte, d'un événement historique ou imaginer lui-même un récit. De même, il peut partir d'une musique déjà écrite ou demander une composition à un musicien pour illustrer l'histoire. Le chorégraphe imagine la mise en scène du sujet et choisit l'enchaînement des pas, les poses et les gestes que les danseurs devront exécuter. Au fil des répétitions, il définit avec les danseurs et selon la musique les mouvements des corps pour exprimer au mieux le récit.

La réalisation des décors

En collaboration étroite avec le chorégraphe, le décorateur imagine les décors. Pour un même ballet, il en faut parfois plusieurs. Le décorateur travaille d'abord à partir de modèles réduits qu'il fait ensuite réaliser grandeur nature. Pendant la représentation, des machinistes feront changer les décors. L'accessoiriste rassemble tous les objets qui interviendront dans la mise en scène (banc, bicyclette...). Les éclairagistes s'occupent des jeux de lumière, qui créent une atmosphère, transforment l'espace...
La maquette du décor permet de voir à taille réduite ce qu'il donnera au final. La maquette sert ensuite de modèle aux artisans (menuisiers, peintres...) qui vont la fabriquer à la taille réelle. Selon la mise en scène et les souhaits du chorégraphe, les décors peuvent être plus ou moins compliqués.

Ce travail dure souvent plusieurs mois. Lors de ces répétitions, un notateur écrit à l'aide de symboles le détail des pas. Il faut parfois deux heures de travail pour obtenir 30 secondes d'un ballet ! Le chorégraphe s'occupe aussi du choix des décors, des éclairages et des costumes.

Le chorégraphe est là pour diriger les danseurs, leur indiquer les figures qu'il souhaite, leur donner les indications de mise en scène et leur demander certaines fois d'improviser.

Les danseurs sont maquillés afin que les spectateurs puissent nettement voir leurs traits sous la lumière des projecteurs. C'est une maquilleuse qui s'en charge ou bien les danseurs eux-mêmes. Certains rôles demandent un maquillage particulier et même des prothèses (un faux nez par exemple).

Les costumes

Les costumes des danseurs doivent correspondre à leur personnage mais ne doivent pas les gêner dans leurs mouvements. À partir des dessins du créateur qui les a imaginés et de ses indications (couleurs, matières...), les couturiers et couturières les réalisent. Un ballet peut nécessiter la création de 300 costumes ! Il faut parfois faire des perruques, des masques ou même des créations particulières, par exemple avec des poils, pour imiter le pelage d'un animal.

Les coulisses

Dans les coulisses, de nombreux techniciens veillent au bon déroulement du spectacle. L'éclairagiste surveille les jeux de lumière programmés, les machinistes supervisent les changements de décors. Dans la fosse, les musiciens jouent sous la direction d'un chef d'orchestre, à moins que la musique ne soit préenregistrée. Dans les loges, les coiffeuses, maquilleuses et habilleuses finissent de préparer les danseurs qui doivent entrer en scène.

LES DANSEURS

Dans un ballet, ce sont les danseurs qui donnent au spectacle toute sa vie et son éclat. Dès le 18e siècle, les grands danseurs sont l'objet d'un véritable culte et, encore aujourd'hui, les étoiles font rêver. Cette discipline demande cependant une grande rigueur et un travail quotidien.
Il faut une dizaine d'années d'exercices pour passer danseur professionnel. L'entraînement ne cesse jamais ensuite.
Un danseur moderne doit parfaitement maîtriser les bases classiques. Parfois, les danseurs deviennent des chorégraphes et contribuent à faire évoluer cet art.

Apprendre la danse

On commence généralement la danse classique vers 8 ans, mais certains enfants peuvent s'initier dès 4 ans. C'es au conservatoire ou dans un cours priv que sont données les leçons une à deu fois par semaine. Le studio de danse es équipé de barres pour les exercices et de grands miroirs permettant aux élèves de se voir. Le cours débute par des échauffements au sol pour assouplir ses articulations et muscler son dos, ses jambes et son ventre. Puis viennent les exercices à la barre où les élèves apprennent à se ten correctement et exécutent les mouvements de base (pliés, battements...). Dans la deuxième partie du cours, on délaisse la barre pour faire des exercices « au milieu » ; on apprend à trouver son équilibre, à placer les bras gracieusement et à réaliser de petits enchaînements. Les cours sont accompagnés de musique pour acquérir le sens du rythme et de la mesure.

Afin qu'ils progressent à chaque leçon, le professeur est là pour expliquer les exercices aux élèves, corriger leurs positions et les conseiller .

Les « petits rats » de l'Opéra

On appelle « petits rats » les jeunes danseurs de l'école de danse de l'Opéra de Paris, l'une des plus anciennes écoles de danse du monde. Filles et garçons peuvent y entrer entre 8 et 13 ans. La sélection y est très sévère. Pendant 6 ans, en plus de cours généraux (français, mathématiques, musique...), ils suivent des cours de danse classique, folklorique et contemporaine, des cours de mime, d'acrobatie, de gymnastique... À la fin de leurs études, ils peuvent préparer le concours d'entrée dans le ballet de l'Opéra. Les élèves admis font partie du corps de ballet, les autres, munis de leur diplôme, peuvent tenter d'intégrer d'autres compagnies. De grandes compagnies de ballet ont aussi de prestigieuses écoles : Royal Ballet (Angleterre), Kirov et Bolchoï (Russie)...

Les danseurs professionnels

Devenir danseur professionnel est un parcours très difficile. En plus d'un physique adapté, d'une bonne mémoire et d'une oreille musicale, il faut acquérir une excellente technique, une grande souplesse et rester toujours en parfaite santé. Ce métier très fatiguant nécessite beaucoup de volonté et un entraînement quotidien. Pour entrer dans une compagnie de ballet, les danseurs passent des auditions. Au début, ils font partie du corps de ballet avant de gravir les échelons. Certaines compagnies les feront voyager à travers le monde et ils pourront participer à des créations très différentes. Leur carrière est courte, vers 40 ans, beaucoup quittent la scène pour devenir chorégraphe, maître de ballet ou professeur.

Une compagnie de ballet comprend diverses catégories de danseurs. Les meilleurs peuvent passer d'une catégorie à l'autre.

***Le corps de ballet** est composé de danseurs et de danseuses qui exécutent les mêmes mouvements et les mêmes pas. **Les sujets** dansent en solo et peuvent jouer de petits rôles ou remplacer un premier danseur.*

***Les premiers danseurs** interprètent des rôles importants dans le ballet. **Les étoiles** tiennent les rôles principaux et sont en haut de l'affiche.*

LES FIGURES

Dans un ballet, danseuses et danseurs réalisent une grande variété de pas, enchaînant avec grâce adages et allégros. L'adage est une suite de mouvements lents, amples et harmonieux (arabesques). Dans les allégros, en revanche, les mouvements sont vifs et rapides (tours, sauts...). Les sauts sont parmi les figures les plus spectaculaires mais aussi les plus difficiles, il faut pouvoir s'élever très haut et rebondir avec légèreté sans donner l'impression d'effort ; ils demandent force et puissance. Certains pas sont réservés aux danseuses, d'autres aux danseurs.

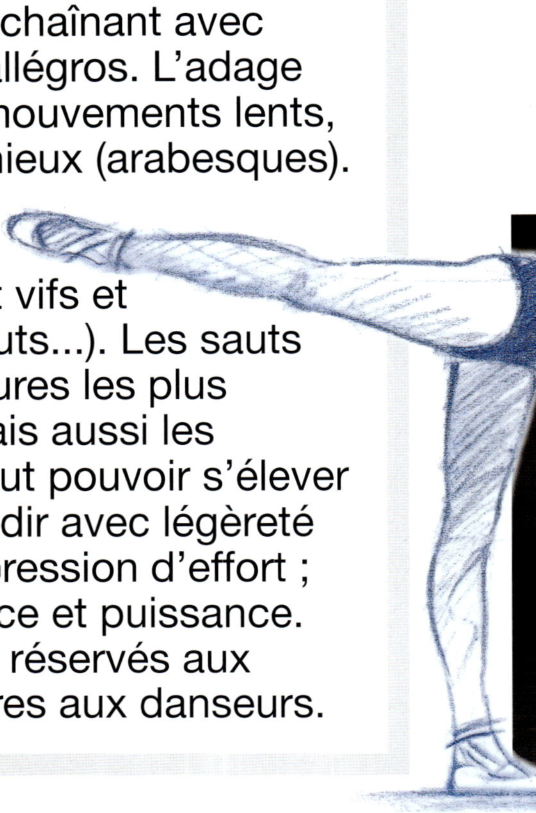

L'arabesque

La danseuse se tient en équilibre sur une jambe. L'autre jambe est bien tendue en arrière et levée le plus haut possible dans le prolongement du corps. La silhouette de la danseuse forme une longue ligne depuis l'extrémité des mains jusqu'au bout du pied levé. Cette figure demande un grand sens de l'équilibre.

L'arabesque sur pointe, ci-dessous.

Le saut de chat

C'est un petit allégro. Il doit sembler aussi léger et habile que le déplacement d'un chat. La danseuse plie une jambe après l'autre et saute de côté. Au milieu de cette figure, les deux jambes sont suspendues en l'air, toutes deux repliées, genoux bien ouverts. La réception se fait sur une jambe, rejointe ensuite par l'autre dans la position de départ (5e position). Pour réussir ce saut, il faut une bonne coordination des bras et des jambes et un grand sens de l'équilibre. Le saut de chat, réservé surtout aux danseuses, peut se faire plusieurs fois de suite.

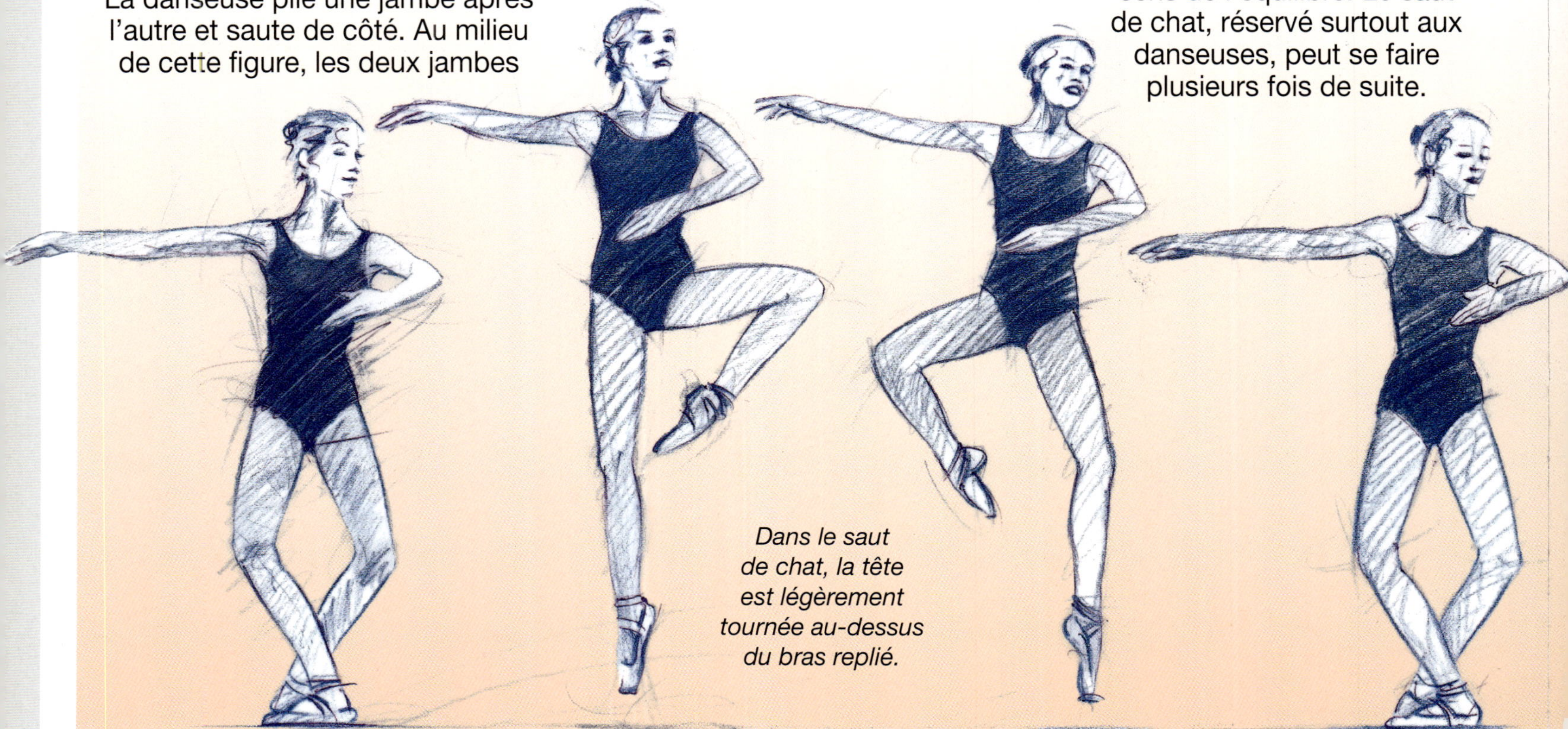

Dans le saut de chat, la tête est légèrement tournée au-dessus du bras replié.

Le grand jeté

Les jetés sont des sauts où le danseur se projette en l'air sur une jambe et retombe sur l'autre. Dans le grand jeté, le danseur s'élève au-dessus du sol et parcourt un certain espace avant de retomber avec grâce. Le saut est d'autant mieux réussi que le danseur monte haut, donnant ainsi l'impression qu'il vole. Une grande force est nécessaire, mais la figure doit paraître aisée et l'atterrissage se faire en douceur.

Le saut de l'ange

On le nomme parfois « temps de poisson ». Le danseur s'élance en l'air, le corps cambré en arrière, les jambes serrées, les bras élevés au-dessus de la tête. Pendant le saut, il doit garder les pieds joints et les jambes tendues. Cette figure évoque un poisson qui s'élève hors de l'eau. Elle est difficile, demande beaucoup d'entraînement et un important échauffement préalable. Ce saut, qui fait partie des grands allégros, est surtout exécuté par des hommes. On peut le voir dans le ballet de *La Belle au bois dormant*.

Les pointes

Lors de la danse sur pointes, le pied, maintenu par un chausson rigide, repose sur l'extrémité des orteils. Il faut donc que les chevilles et les pieds de la danseuse soient assez forts pour supporter le poids de son corps. Seul le professeur de danse décide du moment où la danseuse peut commencer les pointes, souvent vers 11 ans.

Le pas de deux

Il s'agit d'un enchaînement exécuté par un couple. Le rôle du danseur consiste à soutenir la ballerine et la mettre en valeur pour qu'elle évolue avec grâce. La danseuse doit avoir un grand sens de l'équilibre et de la force dans les poignets pour les prises. Le danseur doit pouvoir maintenir et soutenir la danseuse sans perdre l'équilibre, une bonne musculature est indispensable.

Le porté

Le danseur soulève la danseuse en l'air. Apparus au 19e siècle, les portés sont fréquents dans les pas de deux. Les partenaires doivent coordonner parfaitement leurs mouvements. Une grande force est exigée de la part du danseur. On fait également des portés entre deux hommes, deux femmes et même des portés collectifs (une danseuse soulevée par un groupe de danseurs par ex.).

LA DANSE MODERNE

Au début du 20e siècle, aux États-Unis et en Allemagne, des femmes inventent une nouvelle façon de danser. Pour l'Américaine Isadora Duncan, le corps tout entier (et non plus seulement les bras et les jambes) doit exprimer une émotion. Par ses mouvements, la danseuse, qui s'inspire de gestes naturels (marcher, courir, sauter), montre ce qu'elle ressent. Les mouvements partent désormais du torse qui n'est plus rigide comme dans la danse classique. En 1915, à Los Angeles, s'ouvre la première école qui va enseigner ce nouveau style.

La danse classique bouleversée

À la différence du classique, il n'y a pas, en danse moderne, une technique unique aux règles fixes. Danseurs et chorégraphes élaborent leur propre technique. En danse moderne, le travail au sol est très important et remplace le travail à la barre, on exerce aussi beaucoup les articulations.
Les danseurs apprennent à faire tourner leurs hanches, taille, épaules, tête autour de la colonne vertébrale. Les danseuses ne font pas de pointes, elles peuvent même danser pieds nus. Quant aux costumes, ils sont parfois très fantaisistes.
En danse moderne ou « danse contemporaine », on cherche toujours d'autres façons de danser, donc de nouvelles techniques. Les créations inédites sont nombreuses.

Martha Graham (1894-1991), danseuse et chorégraphe américaine, fut une grande figure de la « modern dance ». Dès 1930, elle révolutionne les techniques chorégraphiques, fonde une école puis une compagnie de danse. Elle travaille sur la contraction et la détente du corps.

La chorégraphe américaine Carolyn Carlson (1943), qui a imaginé la chorégraphie Signes*, ci-dessus, a marqué la danse moderne depuis le milieu des années 70. Elle privilégie les gestes très fluides, le mouvement des bras entraînant le corps presque jusqu'au déséquilibre. Étoile et chorégraphe, elle a beaucoup travaillé en France, à l'Opéra de Paris.*

Merce Cunningham (1919), au cours de sa longue carrière, a inventé les « events », spectacles donnés une seule fois et conçus pour des lieux très divers (musée, gare, gymnase...). Très actif, cet artiste américain a continué la danse bien après ses 70 ans !

De nouvelles orientations

À partir de 1950, le danseur et chorégraphe Merce Cunningham remet en cause la conception de la « modern dance ». Pour lui, un ballet n'a besoin ni de sujet ni d'histoire, le mouvement des danseurs se suffit à lui-même et n'exprime aucun sentiment. Dans ses spectacles, la musique et la danse sont totalement indépendantes l'une de l'autre, les danseurs ne découvrent parfois la musique qu'à la première représentation. Ils ont une grande liberté et peuvent improviser des séquences du spectacle.

Pina Bausch (1940), danseuse et chorégraphe allemande, invente une nouvelle forme de spectacles qui mêlent paroles, chants, extraits de comédies musicales et laissent une large place à l'improvisation.

Pour Alwin Nikolais, chorégraphe américain (1912-1993), la danse mêle mouvements, couleurs et lumières. Il crée et imagine à la fois musique, chorégraphie, lumières, décors et costumes, plongeant le spectateur dans un monde irréel.

Les performances

Dans les années 60, de jeunes chorégraphes américains rompent avec l'idée même de spectacle. Ils élaborent des créations données une seule fois : les performances. Ils s'inspirent des gestes plus quotidiens. Parfois, ils remplacent la musique par le silence ou font intervenir la parole. Ces chorégraphes placent leurs danseurs dans des lieux inédits pour la danse : les rues, les parcs, les jardins, les musées, les toits...

DANSES DE FÊTE ET DE SPECTACLE

Dans de nombreuses civilisations d'Asie, la danse est depuis toujours associée au théâtre, au mime et à la musique. Créés pour être regardés, beaucoup de ces divertissements étaient à l'origine offerts aux dieux et aux souverains. En Occident, les ballets sont aussi nés dans les cours royales. Bien plus tard, les spectacles de music-hall et les comédies musicales sont apparus. Mais les danses font aussi encore aujourd'hui partie des grandes fêtes et des carnavals.

Le nô japonais

Cet art très ancien mêle théâtre, chant et danse. Les acteurs nô sont tous des hommes, ils utilisent des masques pour interpréter des personnages féminins. Vêtus de lourds costumes parfois composés de plusieurs épaisseurs pour être plus imposants, ils se déplacent avec des gestes très lents et sont accompagnés par des musiciens et un chœur.

Les ballets de Bali

Sur l'île de Bali, en Indonésie, la danse, la musique et le théâtre sont très liés et associés à la religion. Les danses balinaises mettent en scène une foule de personnages. Les danseurs peuvent être masqués, et dans ce cas, ils doivent exprimer les émotions uniquement par les gestes et les pas. Le mouvement de leurs pieds, de leurs bras et de leurs yeux définissent leur caractère. Beaucoup de ces ballets sont donnés dans les très nombreux temples de l'île et accompagnés par des orchestres traditionnels.

Les costumes des danseurs des ballets balinais sont particulièrement beaux et richement décorés.

◀ Le kathakali

Cette forme de théâtre dansé, née dans le sud de l'Inde, met en scène de grands récits de la religion hindouiste. Les acteurs danseurs, tous des hommes, incarnent des créatures humaines ou surnaturelles, rois ou démons. Ils portent de longues jupes et de grandes coiffes. Leur maquillage demande des heures et le spectacle lui-même dure parfois une nuit entière !

Le carnaval de Rio ▶

Pendant ce carnaval brésilien mondialement connu a lieu le défilé des écoles de samba. Chacune d'elles prépare durant des mois chars et costumes. Dans leurs habits flamboyants, perchés sur des chars géants, les groupes de danseurs défilent devant la foule en délire. Les plus grandes écoles peuvent compter 3 000 à 5 000 participants !

La danse du dragon chinois ▲

Il s'agit d'une danse traditionnelle qui se déroule dans les rues de Chine et des quartiers chinois du monde entier lors du nouvel an chinois. Elle a le pouvoir, dit-on, d'attirer la chance et de chasser les démons. Il faut un meneur et quelques danseurs pour mettre en mouvement l'immense dragon de plusieurs mètres de long aux couleurs chatoyantes. Son corps de papier ou de tissu ondule alors au fil des rues. Cette danse du dragon figure aussi dans d'autres grandes fêtes chinoises.

Le music-hall et les comédies musicales

À partir des années 20, aux États-Unis, la danse jazz et les claquettes triomphent dans les spectacles sur les grandes scènes de New York. Fred Astaire est la vedette de comédies musicales où des acteurs chantent et dansent tout en jouant la comédie. Pendant l'entre-deux-guerres naît la comédie musicale filmée.

Fred Astaire et sa partenaire Ginger Rogers brillent au cinéma, faisant alterner avec talent danse de couple et claquettes. Un peu plus tard, en 1961, la comédie musicale *West Side Story* connaît un succès mondial.

Fred Astaire symbolise toute l'élégance des danseurs de claquettes.

DANSES DU MONDE

Chaque continent a donné naissance à de nombreuses danses qui, traversant les frontières, se sont diffusées un peu partout dans le monde. Le continent américain, par exemple, du nord au sud, en raison des origines variées de sa population (locale, africaine, européenne) a engendré de nombreux styles nés du mélange des genres. Au fil du temps, de nouvelles danses ont aussi été inventées. Pourtant, tango, samba et beaucoup d'autres continuent d'être enseignées et dansées. Aujourd'hui, les cours de danse orientale ou africaine se multiplient aussi.

Les danses de salon

Pratiquées dans les bals ou les salons dansants, certaines de ces danses, comme la valse, d'origine allemande et autrichienne et qui s'est imposée dans les cours des rois et des empereurs, ont traversé le temps et ont toujours des adeptes. D'autres, comme le tango, la samba, la rumba ou le cha-cha-cha, sont aussi devenues des danses de salon et figurent aujourd'hui au répertoire de compétitions internationales.

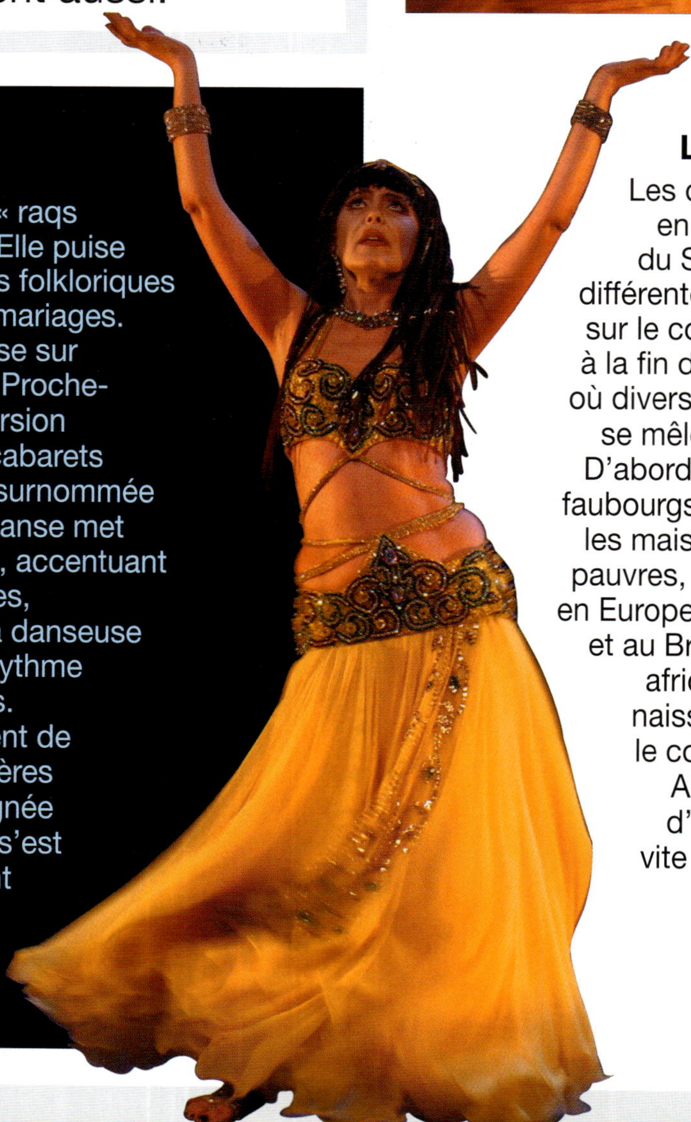

La danse orientale

La danse orientale appelée « raqs sharqi » est née en Égypte. Elle puise ses origines dans les danses folkloriques qui accompagnent fêtes et mariages. La version classique se danse sur des musiques orientales du Proche-Orient. Il existe aussi une version populaire donnée dans les cabarets et que les Occidentaux ont surnommée « danse du ventre ». Cette danse met en valeur la beauté féminine, accentuant les mouvements des hanches, des épaules et du ventre. La danseuse ondule ainsi avec grâce au rythme ensorcelant des percussions. Elle se transmet généralement de mère en fille mais, ces dernières années, elle est aussi enseignée dans des cours collectifs et s'est même répandue en Occident où elle est très appréciée.

Les danses latines

Les danses latines sont nées en Amérique centrale et du Sud du métissage des différentes populations installées sur le continent. Le tango est né à la fin du 19e siècle en Argentine, où divers immigrants venus d'Europe se mêlent à la population locale. D'abord dansé sur les trottoirs des faubourgs de Buenos Aires, puis dans les maisons de danse des quartiers pauvres, il rencontre un grand succès en Europe à partir de 1912. Aux Antilles et au Brésil, le mélange des rythmes africains et européens donne naissance à des danses où tout le corps se met en mouvement. Ainsi, la rumba et la salsa, d'origine cubaine, gagnent vite les États-Unis et l'Europe.

Les danses africaines

Le continent est vaste et les danses y sont extrêmement nombreuses et très présentes dans la vie des Africains. Elles ont souvent une origine rituelle et sacrée. Les percussions donnent le rythme et commandent les changements de pas. Ces danses ont beaucoup influencé les danses d'Amérique latine. En effet, ce sont les esclaves africains, venus à l'époque coloniale au Brésil et à Cuba pour travailler, qui ont apporté leurs musiques et leurs styles de danse. Ainsi, la samba est à l'origine une danse de fertilité africaine d'Angola.

La danse et la musique rock enthousiasment la jeunesse dès leur apparition vers 1960. Aujourd'hui, le rock acrobatique compte parmi les grandes compétitions de danse.

Aux États-Unis

Le brassage des populations et la forte présence des Noirs aux États-Unis ont engendré des danses qui sont l'expression de la jeunesse et de son besoin de liberté. Dans les années 20, c'est le jazz puis, dans les années 60, le rock'n roll qui révolutionne la musique et la danse : les couples ne sont plus enlacés mais croisent et décroisent leurs bras, se lâchent pour se reprendre sur des rythmes rapides. Dans les années 70 se développe une danse de rue effectuée par les jeunes Noirs et les Portoricains sur de la musique rap : quelques années plus tard, le hip-hop conquiert l'Europe et l'Asie.

Le tango est né dans les quartiers malfamés de Buenos Aires. Il a longtemps été jugé indécent et n'a été adopté par la bourgeoisie argentine que vers 1920.

Divers styles émergent du hip-hop : le break-dance, le smurf. Les figures sont parfois acrobatiques.

DANSES FOLKLORIQUES

D'anciennes traditions paysannes sont à l'origine de ces danses aussi appelées danses traditionnelles. Chaque pays, mais aussi chaque région, a créé ses propres danses avec costumes et musiques typiques. Dans les contrées isolées, la danse était souvent le seul passe-temps et rassemblait les villageois lors des fêtes locales. Aujourd'hui, des groupes de danseurs font revivre certaines de ces danses.

Les danses celtes

Elles comptent les danses bretonnes (ci-dessus). Ce sont pour la plupart des danses collectives où figurent rondes et chaînes, mais aussi des danses de couple. Accompagnées des bagads, orchestres bretons d'instruments traditionnels, ces danses donnent lieu à des festivals importants. Chaque année, le festival interceltique de Lorient, en Bretagne, présente des danses et musiques de tous les pays celtes : Écosse, Irlande, Pays de Galles, Galice... Les fest-noz (fêtes de nuit), qui commencent le soir, sont des bals populaires qui rencontrent un grand succès.

Le flamenco

Les gitans, installés en Andalousie depuis le 15e siècle, ont apporté avec eux leurs traditions musicales. Mêlées au folklore andalou et à la guitare espagnole, elles donnent naissance au flamenco au 18e siècle dans lequel s'unissent danses et chants. Le rythme est donné par la guitare mais aussi par le claquement des hauts talons des danseuses et le battement des mains des danseurs.

En Europe centrale et du Sud

Dans les pays d'Europe centrale et du Sud, comme en Croatie, en Hongrie ou en Albanie, les traditions sont encore très fortes : musique et danses accompagnent chaque fête. En Albanie, tambourins et flûtes résonnent souvent autour des danseurs. Les pas sont parfois compliqués ; en Hongrie, on peut les apprendre dans des « maisons de danse ».

Les danses grecques

En Grèce, les danses traditionnelles s'apprennent souvent à l'école. Dans la plupart de ces danses, on forme des rondes et des chaînes conduites par un meneur, les danseurs se tenant par la main ou par des mouchoirs. Le costume national de l'homme est composé d'une lourde jupe plissée qui bouge au rythme des pas.

En Polynésie

En Polynésie, comme à Tahiti, les danses traditionnelles sont au cœur des fêtes et des cérémonies. Les costumes sont faits de fibres végétales, de noix de coco et de colliers de fleurs. La position des bras et des mains et l'expression du visage ont un sens précis. Dans certaines danses, la danseuse peut aussi mimer des gestes de la vie quotidienne. La grande fête de la Heiva, à Tahiti, mêle concours de danse, fabrication de costumes et courses de pirogues.

Les danses des Alpes

Dans les régions montagneuses d'Autriche et d'Allemagne, les traditions folkloriques sont très vivantes. Les danseurs, en costumes traditionnels, portent le plus souvent des pantalons à larges bretelles et les danseuses des corsages blancs à manches bouffantes sur de longues jupes ; formes et broderies varient d'une région à l'autre. Diverses occasions de danser sont données lors de fêtes saisonnières, comme la fête des Narcisses, vers Salzbourg.

Feuillages et fleurs fraîches accompagnent l'habit des danseuses polynésiennes.

DANSES SACRÉES

Dans de nombreuses civilisations, les danses ont toujours tenu un rôle important dans les rites et cérémonies religieuses. Par la danse, la population demande aux forces magiques et surnaturelles de l'aider dans les guerres, les travaux agricoles, de favoriser les chasses et même de guérir les malades. Les danses religieuses et sacrées sont une façon d'honorer les dieux. La plupart se déroulent à des moments bien déterminés et font appel à des gestes, masques, parures et maquillages spécifiques selon les coutumes.

Les danses guerrières

Chez certains peuples, avant un combat, les hommes exécutaient autrefois des danses guerrières en brandissant leurs armes. Ils exaltaient leur courage et leur vaillance afin de remporter la victoire sur leurs ennemis. Ainsi, en Nouvelle-Zélande, les Maoris dansaient le haka, en poussant des cris de guerre avant une bataille (ci-dessus). Aujourd'hui, les joueurs de rugby de ce même pays, les All Blacks, dansent le haka avant chaque match.

Perchés en haut de leurs grandes échasses, les danseurs dogons, au Mali, doivent danser tout en sautillant pour ne pas perdre l'équilibre.

Les danses de funérailles

Dans de nombreuses civilisations, les funérailles donnent lieu à des danses. La danse a alors souvent pour but de défier la mort ou de faciliter le passage de l'âme des défunts dans l'au-delà. Au Mali, les Dogons préparent des rites dansés pour la fin du deuil, plusieurs semaines après les funérailles. Les danseurs, le visage couvert d'un masque et perchés sur des échasses de plus de 2 m, deviennent la figure des ancêtres. Plusieurs peuples africains exécutent aussi des danses masquées qui ont pour rôle de faire revivre les ancêtres qui continuent ainsi de prodiguer leurs conseils aux vivants.

Les danses de guérison

En Côte d'Ivoire, des féticheuses atteignent en dansant un état second. Complètement étourdies par leurs mouvements, elles ont, dit-on, le pouvoir d'extirper le mal des malades et le font passer dans une poupée de bois. Le corps enduit de poudre blanche, la féticheuse tourne sur elle-même comme une toupie avant de s'effondrer dans la poussière quand l'esprit a emporté la douleur du malade.

Les derviches tourneurs

En Turquie, les derviches tourneurs (ci-dessous) sont des fidèles musulmans qui, en dansant, parviennent à se sentir comme hors du monde réel. Ils sont capables de tourner sur eux-mêmes et autour de la salle dans le sens des aiguilles d'une montre pendant un long laps de temps sans s'arrêter ni même tomber. Revêtus d'une robe et d'une haute coiffe, leur tournoiement symbolise la révolution des planètes. Les yeux fermés, ces « hommes-planètes » se sentent soulevés de la terre pour communier avec Dieu.

Des gestes symboliques

Dans de nombreuses religions, la danse est un acte d'offrandes ou de prière aux dieux. Dans les danses indiennes, les positions des mains, des doigts et des pieds sont symboliques et peuvent exprimer tour à tour la joie, la crainte ou la prière. La danse indienne nécessite un long apprentissage et une grande souplesse.

TABLE DES MATIÈRES

ISBN : 978-2-215-06935-5

Conforme à la loi n°49-956 du 16 juillet 1949
sur les publications destinées à la jeunesse.
Dépôt légal à la date de parution.
Imprimé en Italie (11-08)

Les décors d'un ballet sont imaginés et conçus par un décorateur qui travaille en collaboration étroite avec le chorégraphe. Le décorateur travaille d'abord à partir de maquettes, qu'il fait ensuite réaliser à taille réelle.

Le chorégraphe est la personne qui choisit le thème d'une création dansée, la met en scène, imagine l'enchaînement des figures, les poses et les gestes des danseurs.

Au 19e siècle, on fait correspondre cinq positions des bras aux cinq positions des pieds qui avaient été fixées au 17e siècle.

Le cours de danse débute par des échauffements au sol. Puis viennent les exercices à la barre que l'on délaisse ensuite pour faire des exercices « au milieu ».

Les ballets classiques sont nés à la fin du 19e siècle. Ce sont des spectacles en plusieurs actes dont les rôles féminins et masculins sont équilibrés et qui mettent en valeur les prouesses techniques des danseurs à travers le récit du ballet.

Certains chorégraphes mêlent dans leurs spectacles mouvements, couleurs et lumières, créant à la fois musique, décors et costumes.

En Côte d'Ivoire, des féticheuses atteignent en dansant un état second. Elles ont, dit-on, le pouvoir d'extirper le mal des malades.